Extrait du Bulletin de la Commission des Antiquités et des Arts de Seine-et-Oise

AUPEC
AUX XIIe ET XIIIe SIÈCLES
d'après des sources inédites

PAR

M. DEPOIN

VERSAILLES
IMPRIMERIES CERF
59, RUE DUPLESSIS, 59

1910

AUPEC
AUX XIIᵉ ET XIIIᵉ SIÈCLES

*Extrait du Bulletin de la Commission des Antiquités et des Arts
de Seine-et-Oise*

AUPEC

AUX XIIᵉ ET XIIIᵉ SIÈCLES

d'après des sources inédites

PAR

M. DEPOIN

VERSAILLES
IMPRIMERIES CERF
59, RUE DUPLESSIS, 59

1910

AUPEC

AUX XIIe ET XIIIe SIÈCLES

d'après des sources inédites

L'objet de cette note n'est point d'éclaircir les origines de la paroisse d'*Alpicum*, Aupec, devenu par une transposition de la déclinaison, Le Pecq aux temps modernes.

Notre but est seulement de faire connaître des documents restés jusqu'à ce jour inédits, et concernant cette localité depuis le règne de Louis VI jusqu'à celui de Philippe le Bel.

Déjà nous avions tiré du Cartulaire de Saint-Germain-en-Laye deux actes concernant le chevalier d'Aupec, Aston, qui, vers le premier quart du XIIe siècle, aliéna moyennant 30 sous reçus de la charité de saint Germain, la moitié de l'île Garnier à l'abbaye de Coulombs, au temps du prieur Robert de Gaillon. On cite comme témoin le prêtre Richer qui doit être le curé d'Aupec et un gourdier (préposé au gourd ou réserve du poisson).

Plus tard, Aston donna à l'église de Saint-Vincent et Saint-Germain (en Laye), filiale de Coulombs, le gourd qu'il avait dans la Seine, afin d'obtenir des prières pour son fils Gautier, chevalier. Mais comme c'était un bénéfice féodal, les moines hésitaient à l'accepter. Alors Eudes, le plus jeune fils d'Aston, se porta garant qu'ils n'auraient rien à craindre de son suzerain. Louis VI, la reine et le jeune Louis furent témoins de son engagement. Le seigneur dont il est ici question, sans qu'on le nomme, est, à n'en pas douter, le sire de Montmorency, Bouchard IV ou Mathieu Ier.

Ces deux pièces ont été publiées dans le *Bulletin de la Commission des Antiquités et des Arts de Seine-et-Oise* en 1895. Celles dont nous allons parler sont restées inédites. Elles sont toutes tirées du Grand Cartulaire de Saint-Wandrille de Fontenelle, conservé aux Archives de la Seine-Inférieure. La première est une approbation donnée par Mathieu II, comte de Beaumont-sur-Oise, sa femme Aélis et leurs enfants, à l'exemption du droit de péage pour les nefs du Monastère de Fontenelle passant sous le château de Conflans-fin-d'Oise, par le comte Ives Ier, lorsqu'il concéda ce château en apanage à son fils Ives II, alors clerc et chanoine. Cet acte, du plus haut intérêt pour l'histoire du premier comte de Beaumont, a échappé, comme tous ceux des archives rouennaises, à Douët-d'Arcq. La confirmation de Mathieu II, d'après les témoins présents, doit se placer vers 1170, entre 1166 et 1173. Elle nous intéresse en ce qu'au nombre des comparants, témoins de l'abbé de Fontenelle, se trouve *Guillaume, curé d'Aupec.*

duc de Sully et mon ayeul paternel..... le 8 août 1696..,
etc.

« Pour exercer lesdits droits de voiture par eau, j'ai deux Galiotes à mon port de Rolleboise pour voiturer dudit Port à celui de Poissy, les personnes et les marchandises qui se présentent audit port de Rolleboise, dont l'une part journellement et régulièrement *à dix heures du soir*, et l'autre une fois seulement par chacune semaine, le mercredi, veille du marché de Poissy, pour porter audit marché les veaux et autres marchandises qu'on y peut faire conduire; quelquefois cependant, dans des cas extraordinaires et quand il est besoin pour le service du public, on fait partir cette dernière dans d'autres jours que le mercredi. »

Voilà bien les droits de la duchesse d'Enville; voyons maintenant, ce qu'était, en fait, sa voiture d'eau. La Galiote de Rolleboise, proche cousine du coche d'Auxerre, a laissé de joyeux souvenirs entre Mantes et Poissy. C'était une longue péniche de 18 à 20 mètres de long sur quatre de large. Quatre hautes banquettes, aménagées dans le sens de la longueur, offraient aux voyageurs leurs places inconfortables. Un simple toit dont les supports étaient percés de quatre ouvertures, les abritait tant bien que mal de la pluie, mais par ses bouts béants, laissait passer le vent et le froid. Les marchandises étaient arrimées à l'avant et à l'arrière. Grande assez pour quatre-vingts personnes, la Galiote en recevait quelquefois plus de cent. La traction se faisait au moyen de chevaux attelés à une corde attachée au mât du bateau.

On se figure sans peine ce que devait être un voyage de dix ou douze heures sur cette Galiote privée de tout superflu, et n'ayant pas même le nécessaire. Si de plus, on songe qu'elle était le véhicule obligé des maquignons de Poissy, et des nourrices si nombreuses alors dans le canton de Bonnières, on se fera une idée de l'atmosphère du bateau à son arrivée.

On lit dans le *Voyage de Normandie* (1) :

> C'est aussi là (à Poissy), par les flots tumultueux
>   D'une insolente populace
> Que dans la Galiote il fallut prendre place.
> Avant d'aller plus loin, il faut que je te fasse,
>   Cher lecteur, la description
>   Du bateau qui porte ce nom.
>   Sans te parler de sa figure
>   Oblongue et de lourde façon,
>   On lit dans la sainte écriture,
>   Que Noé, dans l'arche serra
>   Des animaux d'espèce impure,
>   Et bêtes de toutes natures.
>   On dit que l'arche demeura
>   Sur un haut mont de l'Arabie,
> Mais, à Poissy, je crois qu'elle amara,
> Car d'animaux elle est toute remplie.
>
> . . . .
>
>   De ce côté des nourrices en groupe
> Au nez des spectateurs, torchant leurs marmaillons.
>   Ici, des mendiants tout couverts de haillons
>   Plus loin, des soldats une troupe.

Ménard, dans son *Voyage de Paris à La Roche-Guyon*, en a tracé un tableau encore plus réaliste ; j'aime mieux le lui emprunter que de me l'approprier. Je regrette certaines touches, mais vous n'oublierez pas que le voyage est en vers burlesques :

---

(1) 1769, sans nom d'auteur.

> Nos chevaux sortent à la file;
> Bientôt l'avenue on enfile;
> Là les chevaux vont au galop
> Ce que Némard n'aime pas trop.
> Tant que l'on arrive à Roboise (Rolleboise)
> Petit bourg éloigné d'Amboise.
> Nous y soupons légèrement
> En attendant l'embarquement.
> Puis une honnête chambrière
> Nous conduisit à la rivière.
> La Galiote nous reçut,
> Dans laquelle bien fort il pù [e]
> A cause de mainte nourrice
> Qui dessous son cotillon pisse,
> Et dont l'enfant disant papa,
> Dedans sa couche fait caca.
> Sans ouragan ni tourmente
> Nous passâmes le pont de Mante
> Et gagnâmes enfin Poissi
>
> . . . .
> . . . .
>
> Puis dans le coche de Paris
> Dont les portières sont sans glaces
> Nous primes, en payant, nos places.

Tout cela n'est pas de la grande littérature, assurément. Pourtant ce n'est pas pour le plaisir d'écrire une gauloiserie que j'ai choisi ces citations. Elles viennent à l'appui de ce que je vais ajouter.

A la Révolution, les droits de la châtellenie de La Roche-Guyon avaient fait retour à l'Etat. En 1805, les Galiotes, qui étaient peut-être encore celles de la duchesse d'Enville, appartenaient à des particuliers. Elles avaient donné lieu à tant de plaintes que l'architecte de Mantes, Cyr-Jean-Marie Vivenel, auquel je viens de consacrer une assez longue étude, fut chargé par le sous-préfet de

Mantes, de visiter ces bateaux et de lui adresser un rapport. Ce rapport que j'ai sous les yeux (1), est accompagné d'un plan avec coupe et élévation, et ce n'est pas la moins curieuse des deux pièces.

Vivenel constate qu'il y a deux Galiotes à Rolleboise, une grande et une petite. L'une part tous les jours à sept heures du soir pour arriver le lendemain matin à la même heure à Poissy. Elle repart à midi de ce lieu et arrive à Rolleboise vers six heures du soir. Il y a une Galiote de rechange pour assurer le service. On radoubait une des galiotes et Vivenel constate que les matériaux employés à cet effet étaient bons. Puis il ajoute :

« Cette voiture peut contenir 80 personnes, mais dans plusieurs circonstances, on y en admet un plus grand nombre; on y est alors mal placé et il serait convenable de fixer à 100 le maximum des places. Il n'y a point de latrines et pour des voyageurs forcés de rester 12 heures de nuit sans ce secours, cela est extrêmement incommode. Il n'est cependant pas impossible d'y en établir. »

L'amélioration demandée fut exécutée. Vivenel fit encore une autre visite aux Galiotes de Rolleboise. Il en a gardé deux congés, *de par l'Empereur*, pour Philippe Legoux, propriétaire de la *Prudence*, et ce plan, dont j'ai fait pour vous une copie aussi exacte que possible et que je joins à cette étude.

Si la Galiote avait son côté comique, elle avait parfois un aspect lugubre. J'ai trouvé dans les registres de la paroisse de Rolleboise, plusieurs actes de décès, d'enfants, inconnus la plupart, qui avaient succombés entre les bras

---

(1) J'ai offert ces pièces aux Archives de Mantes, avec beaucoup d'autres.

de leurs nourrices, dans le trajet de Poissy à Rolleboise. La plupart aussi étaient de petits Parisiens.

Les bateaux à vapeur d'abord, et les chemins de fer ensuite, ont supprimé les Galiotes de Rolleboise. Le village, ruiné par ce progrès, a repris un peu de vie avec les bicyclettes et les automobiles : la Galiote est bien oubliée.

Fidèle à la mission qui nous est confiée, j'ai fait revivre de mon mieux le souvenir d'une vieillerie disparue pour toujours. Je remercie, encore une fois, notre collègue, M. F. Bournon, de m'en avoir fourni l'occasion.

TALLEMANT DES REAUX

DANS SEINE-ET-OISE

*Notice lue à la Réunion des Sociétés savantes du département
le 14 juin 1902*

Tallemant des Réaux a raconté sur les personnages de son temps de si énormes choses qu'on ne sait trop que penser de lui. Malgré la mauvaise opinion qu'on peut en avoir, il est cependant impossible de s'occuper de la société du xviie siècle sans le consulter : ce qu'on doit en tout cas conseiller, c'est d'y mettre un peu de prudence, suivant la nature des emprunts qu'on lui veut faire.

Il est certain qu'il a connu une infinité de gens de toutes les conditions, dont il a dit du bien ou du mal, selon l'occurrence, et plus souvent du mal que du bien. Ce qui pourrait prouver sa parfaite bonne foi, si je me proposais de la défendre, c'est qu'il a consigné tous ses potins de ruelle, sans appuyer sur la personnalité de ses types. Aussi en est-il un assez grand nombre qui sont de prime-abord parfaitement inconnus, et ses éditeurs ne se sont même pas donné la peine de les identifier.

Ce n'est pas non plus, absolument, le but que je voudrais atteindre dans cette rapide revue ; je compte simplement essayer de rechercher, parmi tant de personnages, ceux dont la notoriété est la plus modeste, et qui appartiennent par quelque côté, au département de Seine-et-Oise. Ils m'intéresseront et je les signalerai seulement s'ils sont ou se disent seigneurs de quelque petit coin de notre département. On me pardonnera aussi, je l'espère, si dans cette réunion d'originaux, ceux de l'arrondissement de Mantes sont les plus nombreux. C'est qu'à l'exemple de Petit-Jean qui savait si bien son commencement, je connais bien mieux ce qui touche aux communes que j'étudie.

Je n'ai pas besoin d'ajouter que dans cette excursion à travers le monde de Tallemant des Réaux, je ne m'engage pas à rien raconter. Tallemant est un puits de renseignements, mais un puits d'eau très trouble. Je laisserai déposer la vase et ne garderai que l'eau à peu près potable.

La première personne que je croise est dame de Chars ; c'est Marguerite de la Guesle, fille de ce Jacques de la Guesle, procureur général au Parlement, qui au mois d'août 1589, introduisit à Saint-Cloud, croyant bien faire, Jacques Clément auprès de Henri III. Après l'assassinat il en pensa mourir de chagrin ; pourtant il n'en fit rien.

Pomponne de Bellièvre et Mme d'Achères nous mènent à Grignon, car le fils du président acheta ce château, dont il porta le nom ; Tallemant l'appelle M. de Grignon, et même fort irrévérencieusement *cet imbécile de Grignon*. Cela ne tire pas à conséquence.

De Grignon à Wideville, il n'y a qu'un pas, nous le savons tous, et ce pas se fait sans qu'on y pense. Tallemant nous y conduit et nous présente à M. de Bullion pour lequel il a moins d'amitié que le roi Louis XIII, *le défunt roi*.

Isaac Arnaud, Pierre Arnaud, de Corbeville, commune d'Orsay, sont de la *famille éloquente*. Un autre, Louis, dit Arnaud le Péteux, est le plus déshérité de tous : c'est le seigneur de Montfermeil, aussi oublié que la *Laitière*. Sa sœur était mariée à un seigneur de Médan dont j'ignore le nom, mais d'esprit encore plus borné que son beau-frère : chose étrange, disait-il, plus on monte dans ma maison, plus on a belle vue !

Le président Le Coigneux ou sa lignée se retrouveront à Magny et à Gressey, comme celle des Le Camus à Jambeville. Dongois le greffier est une des rares personnes dont Tallemant dit sans réticence, qu'il est fort homme d'honneur. C'est le neveu de Boileau, et le seigneur d'Hautisle : c'est M. Dongois !

Puis, chemin faisant, nous voici à Bréval chez les de Harlay, et la bonne langue nous apprend que le marquis de Bréval, frère de l'archevêque de Rouen, a fait une mauvaise traduction de Tacite, qu'il a fait imprimer. Elle *ne s'est pas vendue*, mais cela peut arriver à tout le monde.

De Bréval à Gambais la distance est courte et Tallemant, dans des historiettes très pimentées de vieux maris, nous raconte les infortunes de l'octogénaire Joachim de Bellengreville, le gouverneur de Meulan pour Henri IV, le conseiller d'Etat, depuis seigneur de Neuville à Gambais. Il y fut enterré cinq semaines après son mariage à côté de sa première femme, Claude de Maricourt. Leurs deux figures en marbre se voient dans l'église.

Le Pailleur nous ramène à Meulan. C'est un original, mais une figure intéressante, et Tallemant en dit le plus grand bien. Fils d'un lieutenant de l'Election de Mantes et Meulan, né à Meulan très certainement, on devine à travers le portrait chargé, un homme très remarquable. Commis de l'*Epargne*, les *pillauderies* qu'on y pratique le dégoûtent et il quitte les finances pour vivre en fantaisiste, en bohême. « Il savait la musique, dansait, chantait et faisait des vers pour rire. » Il est l'ami, le parent peut-être, du président l'Archer, l'ami du comte de Saint-Brisse qu'il accompagne en Bretagne chez le duc de Retz où il reste deux ans. Ami du maréchal de Thémines, quand celui-ci meurt, il devient le commensal de la maréchale, comme La Fontaine est celui de Mme de la Sablière. Il y demeura vingt-cinq ans ! Ami enfin d'Etienne Pascal, il lui prit l'idée d'apprendre seul les mathématiques, et il est le confident du père, quand le jeune Blaise révèle à celui-ci qu'il comprend les *Eléments d'Euclide*. Il est l'ami d'un académicien bien oublié, Honorat l'Augier, sieur de Porchères, mais ce qui vaut mieux, il fréquente chez Ménage, et est en relations affectueuses avec Mmes de Sévigné et de La Fayette. Tout dans le récit de Tallemant, nous révèle en Le Pailleur un esprit primesautier, d'une très grande culture, d'un tour original, un peu déréglé peut-être, que la paresse seule empêcha de faire œuvre utile.

Voilà *Coustenan*, et sous ce nom, on ne reconnaît guère Timoléon de Boves de Contenant. Sa femme était de la famille de la Gravelle, près d'Etampes. Il fut, suivant Tallemant, le plus méchant mari de France. Gouverneur ou capitaine de Mantes pendant le siège de Corbie, alors que le prince d'Henrichemont, un futur duc de Sully, était en Italie, il y joua au petit tyran. Tallemant raconte ses démêlés avec Chandellier, avocat au parlement, d'une bonne famille de Gargenville ou de Juziers, qui avait par là un petit manoir. Contenant lui fit, une nuit, dévaster tout son verger. Fureur de Chandellier qu'aucune considération ne peut arrêter. Le capitaine de Mantes est appréhendé vers Etampes et mené à la Conciergerie d'où on réussit à le faire échapper. L'affaire fut étouffée, mais Contenant n'en fut pas moins assassiné par un paysan, dont il avait odieusement outragé la femme. La famille Chandellier existe encore à Gargenville, ou a disparu depuis bien peu d'années.

Pierre et Nicolas Lescalopier, seigneurs de Brunel, commune de Gressey, sont les parents de Balthazar Lescalopier, ce conseiller au parlement dont la femme avait une réputation telle que Ninon de Lenclos elle-même, qui avait de la tenue, se scandalisait de ses invitations.

On trouve dans Tallemant quelques lignes à ajouter à l'histoire de l'architecte Francini ou Francin, qu'il appelle un fontainier italien. Celui-ci avait une fille, jolie, mais un peu trop naïve, que Patru appelait *le Petit Ange*. Elle épousa un M. Du Perray frère du président Le Bailleul, gouverneur de Corbeil.

Dans son historiette de Beaulieu-Picart, notre auteur, sans donner aucune indication, nous parle des Foucault, et l'éditeur n'accompagne ces noms d'aucune note. Membres tous deux du parlement, ce sont incontestablement Claude et Nicolas Foucault, le père et le fils, que Patru encore, appelle plaisamment le *soleil levant* et le *soleil couchant*. Ils sont seigneurs de Maudétour et aussi peu recommandables dans l'historiette que dans l'histoire de cette commune. Quant au « baron de Maudétour un diable ayant dessein d'étrangler sa première femme pour épouser une de ses proches parentes » il est difficile de savoir s'il s'agit d'un Foucault ou d'un Rubentel. Sur ces Foucault on peut encore voir l'article de Sarrazin où il est parlé de l'un d'eux trésorier de France à Caen.

L'esprit de Montmartre et Raconis sont connus. Cependant M. Monmerqué fait naître Raconis à *Perdreau près de Montfort-l'Amaury*, tandis que c'est à Perdreauville, hameau de Gambais, que naquit en 1580, l'évêque de Lavaur. Tallemant dit qu'il donna son nom de Raconis à *un hameau qui s'appeloit Perdreau*. L'erreur est manifeste : les Abra de Raconis, des protestants d'origine italienne, ont plutôt pris le nom du lieu qu'ils venaient habiter et la commune de Gambais, pour me donner raison, possède les hameaux de Perdreauville, de Recoins et de l'Etang-de-Raconis. Je pense que ce nom de Raconis vient simplement de Recoins et s'arrangeait mieux avec celui d'Abra. Quant à l'historiette, on sait que ce fut une mauvaise farce du cardinal de Richelieu. Il avait fait venir devant Raconis, un ventriloque, qui contrefaisait la voix de son père, un puritain et lui reprochait de vivre à la Cour.

Ne quittons pas Gambais, sans citer Antoine de Bordeaux, intendant des finances qui fut deux fois seigneur engagiste de la chatellenie. Il y a tout lieu de croire que le petit manège employé par lui pour entortiller M. de Pommereuil et le forcer à devenir son gendre, se passa à Gambais : « Il le mena à la campagne, dit Tallemant et en badinant avec sa fille, il lui fit signer des articles. »

Mais je ne puis encore abandonner Gambais : c'est décidément un coin privilégié. L'historiette de Ninon de Lenclos, comme son histoire, est trop connue, mais par combien de liens n'intéresse-t-elle pas? Ninon ou mieux Anne de Lenclos, est fille d'un gentilhomme musicien, marié à une demoiselle Marie-Barbe de la Marche dont la sœur épousa Pierre d'Abra, frère de l'évêque : Ninon se plaisait à appeler celui-ci, son oncle. M. Monmerqué dit ceux-ci d'une famille de Touraine, mais on vient de voir que cette famille de Raconis était fixée à Perdreauville de Gambais. Et puis Ninon est la maîtresse très attachée de Louis de Mornay, marquis de Villarceaux. Que de connaissances, autour de Ninon : Coulon est le nom d'une famille de conseillers au présidial de Mantes; Moreau est le fils du lieutenant civil, et d'une famille qui possédera le Mesnil à Fontenay-Saint-Père. Enfin Louis de Mornay est le mari de Denise de La Fontaine, demoiselle d'Esches et d'Orgerus, la femme la plus trompée de son temps. En voilà plus qu'il n'en faudrait pour justifier l'étude consciencieuse de l'historiette si elle ne fourmillait de traits difficiles à raconter.

De Nyert, Denyert ou Pierre de Nyert, va me forcer à retourner à Gambais dont il fut seigneur et qu'il laissa à son fils François-Louis de Nyert. C'était un excellent musicien, et c'est à ce titre qu'il devint le premier valet de chambre de Louis XIII dont on connaît le goût très cultivé; il était même compositeur à ses heures. De Nyert était surtout chanteur et joueur de luth et son historiette est mêlée à celles de Lambert et Hilaire. Louis XIII l'aimait beaucoup, mais ne put cependant lui pardonner de s'être épris d'une femme de la reine. Il lui disait aigrement : Vous n'attendez que ma mort pour vous marier. De Nyert en effet attendit douze ans et épousa. Il mourut en 1682.

Son fils, François-Louis de Nyert eut la survivance de

sa charge dès l'âge de cinq ans et mourut en 1719. Louis de Nyert mourut gouverneur du Louvre, et Alexandre-Denis de Nyert, mort en 1744, prenait comme ses ascendants le titre de seigneur ou de marquis de Gambais (Jal).

Qu'on me permette, quittant un instant Tallemant pour Jal, de rappeler que Pierre de Nyert fut le protecteur, l'inventeur si l'on peut ainsi dire, d'une artiste claveciniste qu'on regardait, vers 1675, comme un prodige. J'ai nommé Marie-Françoise Certain.

La Fontaine, dans une épître datée de 1677, dit à son propos :

> Nous irons. . . . .
> Chez l'illustre Certain, faire une station,
> Certain, par mille endroits également charmante
> Et dans mille beaux arts également savante.
> . . . .
> De cette aimable enfant(1) le clavecin unique
> Me touche plus qu'Isis et toute la musique.

On ne sait rien sur le lieu de naissance de cette artiste; je conjecture qu'on peut le placer aux environs de Gambais et peut être à Septeuil près de là, où ce nom est très répandu. Pierre de Nyert, seigneur de Gambais, musicien, chanteur, *luthiste*, passionné de son art, a pu la découvrir au cours de son séjour à son château et lui donner des leçons avant de la produire à Paris, comme il fit. Je n'ai pas trouvé l'acte de naissance de Marie-Françoise Certain, mais une enfant de ce nom fut marraine à Septeuil vers 1670 et il y a de grandes présomptions pour que ce soit l'artiste qui mourut à Paris en 1711 (Jal).

Je vais quitter enfin Gambais et même Tallemant. Non

---

(1) Elle avait quinze ans.

cependant sans signaler Vion de Gaillonnet, commissaire de l'Extraordinaire des Guerres. C'est un Meulanais. Il est de la famille de ces Vion originaires de Meulan qui foisonnent aux alentours et dont le plus connu est Vion d'Hérouville. C'est surtout sa femme, « La Gaillonnet » dont parle Tallemant, et c'est tout ce qu'on en peut dire.

Je pourrais encore nommer Bazin de Bezons et M. de Lyonne, qu'on trouve à Vert et à Rosay; j'en pourrais nommer beaucoup d'autres, car la famille des Hennequin, de la *grande Maignie* : Hennequin d'Ecquevilly, Hennequin de Boinville, offre une série d'originaux des plus singuliers ; mais je crois que j'en ai dit assez.

Les chercheurs de Seine-et-Oise qui voudront ouvrir Tallemant des Réaux et porter leur attention sur une foule de noms qui attendent des notes et des éclaircissements, sont assurés d'avance de ne pas perdre leur peine. Ils sont sûrs en tous cas, de ne pas s'ennuyer et c'est bien quelque chose. Pour ma part je serai heureux si j'ai donné l'envie de lire les historiettes de tous ces types dont je n'ai pu citer que les noms.

Le Chartrier de Magnanville

L'année dernière, lors de la réunion des Sociétés savantes de Seine-et-Oise, M. Coüard notre savant archiviste, nous faisait une très instructive communication sur les sources des travaux historiques de notre région. En dernière analyse, il nous signalait l'importance des *dépôts privés* parmi lesquels il rangeait en première ligne les chartriers encore si nombreux et dont il indiquait les principaux à lui connus. C'est le fonds d'un de ces dépôts peut-être assez compromis, que je voudrais analyser pour en faire connaître la valeur assez considérable. Je veux parler du *Chartrier de Magnanville*[1].

Tel qu'il existe encore aujourd'hui, ce chartrier se trouve divisé en deux parties. Une, la plus importante, est restée, quoique négligée, au château de Magnanville, propriété actuelle de M. le Comte de Gramont. L'autre m'appartient depuis plus de dix ans. Quand j'ai tiré quelques communications ou notes de cette dernière partie, je l'ai désignée pour éviter toute confusion, sous le nom de *Chartrier*

---

(1) Arrond. et canton de Mantes.

de Boinvilliers, parce que c'est cette seigneurie et ses dépendances qui y tiennent le plus de place. Mais les deux parties contiennent des pièces communes à tous les biens d'un domaine féodal d'une énorme étendue réunis dans la main des derniers seigneurs de Magnanville.

Ceux-ci ne sont pas de grands personnages comme leurs prédécesseurs primitifs. Ce sont des financiers, des fermiers généraux : les deux Savalette et Boullongne de Préninville. Leur mérite n'est donc pas tant dans leur naissance que dans le soin précieux, jaloux plutôt, avec lequel ils ont rassemblé, classé et conservé jusqu'à la Révolution, les titres des nombreux fiefs qu'ils avaient acquis pour en faire une seule seigneurie.

Ce qui constitue la valeur de ces archives, ce sont les propriétaires qui à l'origine ont possédé tous ces biens dont les derniers fermiers généraux ont formé ce domaine si considérable. Ces premiers seigneurs connus étaient les Mauvoisins de Rosny, famille illustre dont notre érudit collègue M. Depoin commence à nous faire bien distinguer toute la descendance. Avec les aînés on devine tout l'ensemble : les cadets, suivant la coutume du Vexin, prennent tour à tour une part de plus en plus petite et par le mariage des filles on arrive à un morcellement infini.

Grâce à la bienveillance extrême de M. le comte de Gramont, et je suis heureux de l'en remercier et de lui rendre publiquement hommage, j'ai pu explorer le fonds de Magnanville aussi facilement que celui de Boinvilliers. Je le connais à peu près dans ce qu'il a d'essentiel. J'y ai pris des notes si nombreuses qu'elles pourraient au besoin et dans une certaine mesure suppléer aux originaux. Pour comprendre l'importance de ce chartrier considéré dans son ensemble, je n'ai qu'à donner la liste non pas des fiefs, mais seulement des communes qu'il intéresse. Ce sont : Aincourt, Arnouville, Auffreville, Boinville, Boinvilliers, Bonnières-Mesnil-Regnard, Breuil-Bois-Robert, Buchelay, Civry-la-Forêt, Dammartin, Epône, Favrieux, Flacourt, Fontenay-Mauvoisin, Gargenville-Hanneucourt, Gassicourt, Gressey, Guerville-Senneville, Hargeville, Jouy-Mauvoisin, Limay, Mantes, Mantes-la-Ville, Menerville, Mondreville, Montchauvet, Mézières, Perdreauville-Apremont, Rosay, Rosny, Le Tertre-Saint-Denis, Vert et Villette (1).

Les renseignements les plus importants ne sont pas nécessairement pour Rosny, dont les archives particulières ont dû former un autre fonds. Ce sont au contraire les communes de Mantes, Soindres, Fontenay, Flacourt, Vert, Villette, Rosay et Boinvilliers, qui fournissent le plus grand nombre de pièces utiles.

Celles-ci encore ne sont pas très anciennes et la raison en est facile à comprendre. Les chartes du XIe et XIIe s. émanant surtout des Mauvoisins durent rester à Rosny. Quand cette seigneurie se divisa, c'est-à-dire dès la fin du XIIe et au commencement du XIIIe, les puînés prirent surtout Fontenay-Mauvoisin et Jouy-Mauvoisin. Par une alliance mal connue, une Mauvoisin dame de Soindres apporta la terre à un héritier de l'Isle-Adam et dès lors le fief de l'*Isle-en-Soindres* releva de l'Isle-Adam. C'est ainsi que dans le chartrier de Magnanville se trouvent plusieurs aveux de ces petits seigneurs de Soindres à ceux

---

(1) Je néglige, bien entendu, tous les lieux étrangers d'où sont venus les personnages si nombreux qui ont possédé les fiefs de la seigneurie.

de l'Isle-Adam et en particulier au connétable Anne de Montmorency, substitué aux de l'Isle (1).

Pour avoir été démembrées, toutes les petites seigneuries que Savalette et Boullongne de Préninville avaient acquises n'avaient pu échapper au principe du droit féodal : elles relevaient donc toujours de Rosny et aussi les unes des autres. Il faut voir, vers 1770, à quelles recherches laborieuses se livre M. de Senozan devenu marquis de Rosny, pour se faire rendre les droits et devoirs de tous les divers fiefs relevant de sa terre.

L'intérêt général de toutes ces pièces d'un chartrier est naturellement restreint, mais l'intérêt particulier ou local est au contraire extrême. Je n'en fournirai qu'un certain nombre de preuves.

L'église de Mantes, c'est-à-dire le chapitre des chanoines, avait été obligée d'aliéner vers 1580, le fief de Boinvilliers. On le retrouve entre les mains de Jacques Brèthe, commis du sieur de Villeroy en 1569, écuyer, conseiller du roi, notaire-secrétaire de ses finances et de celles de la reine douairière Isabelle d'Autriche et surtout seigneur de Boinvilliers dès 1581.

Les biens si considérables des Célestins de Limay sont dispersés vers 1775 ; ils sont acquis en grande partie par le seigneur de Magnanville et l'on retrouve dans le chartrier tous les titres des acquisitions qui, à partir de 1375, grâce à la magnificence de Charles V, grâce à la piété des fidèles, formèrent bientôt un domaine immense. Peu à peu aussi, cette grande fortune, en autorisant des

---

(1) C'est pour cette raison que Adam ou Adan de l'Isle figure dans un compte de la ville de Mantes, retrouvé sur la couverture d'un registre des délibérations. (Archives.)

habitudes fastueuses et mondaines, entraîna la perte des religieux.

Les Mauvoisins, au xiie s., avaient vendu à la ville de Mantes leurs droits de travers par terre et par eau en réservant la neuvième portion. Cette neuvième portion venue par alliance à un Hanneucourt puis à un Fumichon ou Feumichon d'Hanneucourt, reste aux divers seigneurs de Gargenville-Hanneucourt jusqu'à la Révolution.

Gassicourt, fondation d'un Mauvoisin, prétend des droits sur Vert, et c'est ainsi que Poncher, seigneur de Soindres et de Vert, se trouve en procès vers 1690, avec Bossuet, doyen du prieuré. C'est aussi par les titres de ces fiefs de Vert relevant des Célestins qu'on connaît Estienne du Monsthier, vice-amiral de la mer sous Charles V, comme seigneur du lieu. Il en laissa les droits et le titre à ses descendants jusqu'au xviie s.

La partie du chartrier qui concerne Jouy-Mauvoisin et Ménerville, n'est pas moins importante. C'était en effet, la propriété temporelle des chanoines de la Sainte-Chapelle de Paris. Elle a échappé, au moins ne l'a-t-il pas nommée, à notre savant collègue M. l'abbé Gauthier.

L'administration de ces biens à Jouy et à Ménerville fournit un nombre de pièces considérable ignorées certainement des historiens de Paris.

Dammartin et Longnes sont une seigneurie relativement étendue de l'abbaye de Saint-Germain-des-Prés. Le receveur des riches bénédictins, Jean Arnoul, est un praticien de Dammartin. Tout en faisant les affaires de l'abbaye, il se constitue un domaine propre, s'enrichit peu à peu. D'abord praticien il se dit successivement, marchand, receveur de la terre et seigneurie de Dammartin où il demeure, puis bourgeois de Paris, puis seigneur d'Auteuil, receveur de l'évêché de Paris et demeurant enfin à l'abbaye de Saint-Germain-des-Prés. Il marie sa fille à un petit seigneur ; elle devient veuve et épouse alors Jacques Brèthe et le domaine de Boinvilliers, créé timidement par Jean Arnoul, devient en quelques années, sous l'administration du gendre, une seigneurie toute nouvelle qui comprend Boinvilliers et s'étend sur Rosay, Flacourt, Vert, Villette et partie de Dammartin.

La première prétention d'un seigneur est d'être justicier. S'il a moyenne et basse justice, c'est le premier droit qu'il affirme. S'il a en plus la haute justice c'est déjà quelqu'un, mais s'il peut ajouter que sa haute justice est à *quatre piliers*, c'est la puissance. Toutes ces seigneuries de Magnanville ont plus ou moins droit de justice. Le chapitre de Mantes, le seigneur de Vert, les Célestins, sont dans le même cas. L'important, c'est qu'il en est resté des registres où l'on peut prendre une idée de ce qu'étaient ces justices, peintes parfois de couleurs si noires et où il semble que tout était livré à l'arbitraire. Celles de Boinvilliers, de Vert, entre autres, sont paternelles : elles ne comportent guère que des droits de police et les jugements se traduisent bien souvent par des amendes.

Pourtant la haute justice de Soindres, émanation de celles des sires de Rosny, est plus sévère. J'y ai relevé quelques jugements qu'il importe de signaler. Je dois dire, d'abord, que cette haute justice de Soindres était exercée au profit du seigneur, mais non sans contestation, par les juges de Mantes. C'était au moins une sûreté pour les justiciables.

Le samedi 20 mai 1553, Claude H. est prisonnier ès-prisons de Soindres pour larcins de sacs et coultres de charrues. Par le procureur du bailliage de Mantes, il est condamné « à estre bastu et fustigé de verges par les carrefours et lieux acoustumés dud. Soindres, ses biens déclarés confisqués *à qui il appartiendra* » et banni à toujours du bailliage : « Prononcé en jugement audict Soindres en la présence dudict prisonnier *qui eust lad. sentence pour agréable*, et icelle a esté exécutée par Jehan Belyart maistre des haultes œuvres du bailliage de Mantes, es-présence du seigneur de ladicte justice et aultres y assistans. » Le fond et la forme étaient respectés.

Le même procureur, bailli de Soindres, l'année suivante, s'adressait au bailli de Mantes pour une question de procédure. Le coupable serait-il jugé à Soindres ou à Mantes ? Je n'ai pas le jugement sur le fond. C'eût été curieux. Laurent L., prisonnier à Soindres, à la requête de Messire François du Buscat, curé d'Orvilliers « pour raison de l'homicide advenu à la personne de feu Ferry du Buscat », archer des gardes du roi, dont était accusé Laurent L., recusait le seigneur de Soindres et sa justice comme étant *sa partie*. Le bailli du lieu évoquait l'affaire, arguant du droit de haute justice. Le jugement lui était bien renvoyé par le juge, mais le procès ne pouvait aboutir « obstant que le geôlier (de Mantes) lui refuse l'ouverture des prisons ».

En avril 1619, Denis G., âgé de quatorze ans, tue son camarade Jamet L., fils du procureur fiscal, âgé de neuf à dix ans. Le juge condamne le père à huit vingts livres d'intérêts civils y compris les frais de sépulture de la victime, à douze livres envers la dame de Soindres et à quatre envers l'église et fabrique. « Comme aussy sera faicte déffense aud. Denis fils à l'advenir de commettre telles voyes sous peine de punition corporelle. »

Le 30 avril suivant, le juge prononce encore un jugement au criminel. Regné P. et Denise L. sa mère ont blasphémé et juré « le saint nom de Dieu et fait rebellion à justice ». Ils sont condamnés « à comparoir devant nous, l'audiance venant, teste nue et à genoulx et en la présence du curé », à demander pardon à l'église, à la dame et à justice, et en quarante huit sous d'intérêt civil et 10 l. d'amende. Celle envers la dame de Soindres fut modérée à la moitié vu « la pauvretté » du coupable.

Autre crime assez surprenant pour le temps. Guillaume M., de Magnanville, est accusé en juillet 1625, de *vénéfice et corruption de l'eau du puis commun de Soindres et fontayne d'Arches*. Le coupable, suivant l'usage, vient **tête nue et, à genoux**, doit dire et « déclarer que témérairement et indiscrèttement avec irrévérence, il a parlé de l'auctoritté des prebstres et de la réelle présence du corps de nostre seigneur Jésus-Christ au saint Sacrement de la messe, en demander pardon à Dieu, à madame de Soindres et à justice et du tout ce qu'il a esté accusé au procès. » Le malheureux ! Il va être brûlé pour le moins ! Non point ! Il fut condamné à deux cents livres d'amende destinées à faire un tabernacle, à acheter un ciboire et un soleil pour la procession ; à aumôner les pauvres malades de 16 l. p. et à 32 l. d'amende dont la moitié à la dame de Soindres, deux tiers de l'autre moitié pour une chapelle de l'église et l'autre tiers *au dénonciateur*. Défense aussi de recommencer.

Je m'arrête. Je dois pourtant signaler dans ce chartrier de Magnanville, une découverte qui n'est pas négligeable. Dans son édition du *Polyptyque d'Irminon,* M. Longnon conteste l'identification faite par Guérard de *Semodi-Villa*

www.ingramcontent.com/pod-product-compliance
Lightning Source LLC
Chambersburg PA
CBHW060553050426
42451CB00011B/1892